Roberto Clemente

TIME FOR KIDS

Dona y William Rice

Asesor

Timothy Rasinski, Ph.D.
Kent State University

Créditos

Dona Herweck Rice, *Gerente de redacción*

Robin Erickson, *Directora de diseño y producción*

Lee Aucoin, *Directora creativa*

Conni Medina, M.A.Ed., *Directora editorial*

Stephanie Reid, *Editora de fotos*

Rachelle Cracchiolo, M.S.Ed., *Editora comercial*

Basado en los escritos de *TIME For Kids*.

TIME For Kids y el logotipo de *TIME For Kids* son marcas registradas de TIME Inc. Usado bajo licencia.

Teacher Created Materials

5301 Oceanus Drive
Huntington Beach, CA 92649-1030
http://www.tcmpub.com

ISBN 978-1-4333-4492-3

© 2012 Teacher Created Materials, Inc.

Tabla de contenido

El orgullo de Puerto Rico

El 18 de agosto de 1934, en el pueblo de Carolina, algo maravilloso sucedió en la vida de Melchor y Luisa Clemente: nació su sexto hijo, Roberto Clemente Walker. En ese momento de felicidad, no imaginaban que su hermoso hijo llegaría a ser conocido como el Orgullo de Puerto Rico.

Carolina, Puerto Rico

Nicaragua

Estado Libre Asociado de Puerto Rico

Entre el mar Caribe y el océano Atlántico se encuentra un hermoso paraíso tropical: la isla de Puerto Rico. El nombre oficial en español de Puerto Rico es Estado Libre Asociado de Puerto Rico. (En inglés, se llama *Commonwealth of Puerto Rico*.) Puerto Rico está bajo la protección y el gobierno de los Estados Unidos de América. Algunas personas creen que algún día Puerto Rico será el estado número cincuenta y uno de los Estados Unidos.

Nombres latinos

En América Latina es común que los niños reciban el **apellido de soltera** de la madre precedido por el del padre. Al ser hijo de Melchor Clemente y Luisa Walker, su nombre completo es Roberto Clemente Walker.

Hace muchos años, las tierras **fértiles** de Puerto Rico estaban salpicadas de **plantaciones** de azúcar y café. Muchos puertorriqueños trabajaban en las plantaciones o los molinos de café y azúcar. Melchor Clemente era uno de estos trabajadores.

Hombre bueno y orgulloso, de más de 50 años de edad, Melchor era **capataz** en un molino de caña de azúcar. Su esposa, doña Luisa, lavaba ropa para el propietario del molino. Melchor y doña Luisa también atendían una pequeña tienda de comestibles.

las montañas centrales de Puerto Rico

una planta de café

un trabajador azucarero

Negocios en Puerto Rico

Cuando nació Roberto, la agricultura era la actividad comercial más importante de Puerto Rico. En la década de 1950, la industria reemplazó la agricultura como principal actividad comercial. El turismo también adquirió mucha importancia: más de cinco millones de turistas visitan la isla cada año.

Puro amor

De niño, Roberto creció en un hogar donde sólo había amor. Ya adulto, comentaba, "Nunca hubo odio en mi casa. Nunca, contra nadie".

Los padres de Roberto le enseñaron a ser una buena persona. Le enseñaron a tratarse y a tratar a los demás con respeto y dignidad, y le mostraron la importancia de trabajar arduamente.

Una lección imborrable

Cuando Roberto llegó a ser un adulto, abrió escuelas de béisbol para niños en Puerto Rico. En ellas, les enseñaba a los niños la importancia del trabajo, el respeto y la responsabilidad como ciudadanos. Nunca olvidó las lecciones de su infancia y quería compartir esos conocimientos para que continuaran a través de otros.

La familia Clemente también era muy generosa. Cuando llegaban niños pobres a su hogar, doña Luisa les servía una buena comida. Roberto aprendió que las personas con buena fortuna debían compartir lo que tenían con las personas menos afortunadas. Esa fue una lección que Roberto jamás olvidaría.

Roberto creció y trabajó duro para marcar una diferencia en el mundo, tanto para él como para los demás. En una ocasión, encabezó a un grupo de niños en una colecta para construir una valla de protección para su escuela. En otra, ¡salvó a una persona que estaba en un automóvil en llamas!

Roberto comenzó a trabajar a los nueve años de edad, con el propósito de ahorrar dinero para una bicicleta.

Botellas de leche

Hace muchos años, la leche se entregaba a domicilio. Cuando se terminaba la leche, había que dejar las botellas afuera para que el lechero se las llevara.

Roberto se levantaba muy temprano cada mañana para entregar leche, a cambio de un centavo diario. Ahorró sus centavos durante tres años para comprar una bicicleta. Cuando Roberto quería hacer algo, trabajaba con entusiasmo hasta conseguirlo.

El joven Roberto soñaba en convertirse en un jugador profesional de béisbol.

Roberto se benefició de ser un trabajador muy constante. La capacidad de trabajar duro para conseguir lo que quería fue muy importante en su desarrollo. Roberto tenía un gran sueño: quería ser beisbolista **profesional**. Roberto comentaba: "Quería ser beisbolista y me convencí de que eso era lo que Dios quería para mí".

Aunque no tenía mucho dinero para comprar **equipo** de béisbol, Roberto practicaba sus habilidades. Golpeaba las tapas de botellas con un palo de escoba. Lanzaba pelotas de tenis contra una pared y las atrapaba cuando rebotaban. Hacía todo lo que podía para convertirse en el mejor jugador de béisbol.

Viviendo el sueño

Roberto creía en su sueño y luchó para hacerlo realidad. Nunca dejó de creer que sería un gran beisbolista.

Un sueño hecho realidad

Su esfuerzo fue recompensado. Aún no había terminado el bachillerato y Roberto ya jugaba béisbol profesional para los Cangrejeros de Santurce, en Puerto Rico. Luego, en 1954, fue **seleccionado** por los Dodgers de Brooklyn para jugar en su equipo de **ligas menores**. Lo mejor aún estaba por venir. En 1955, los Piratas de Pittsburgh, de los Estados Unidos, contrataron a Roberto para que formara parte de su equipo de ligas mayores. Se convirtió en el jardinero derecho de los Piratas, uno de los mejores que jamás ha existido.

Roberto comenzó a jugar béisbol en forma profesional cuando aún era adolescente.

Bob Clemente

Cuando Roberto comenzó a jugar en los Estados Unidos, aparecía como *Bob Clemente* en la **lista de jugadores**. El equipo pensaba que su nombre real sonaba demasiado extranjero y no querían usarlo.

Roberto hizo su debut en las ligas mayores el 17 de abril de 1955, con los Piratas de Pittsburgh.

Abriendo brecha

Roberto comenzó a jugar en las ligas mayores de los Estados Unidos pocos años después de que admitieran a los primeros jugadores que no eran blancos. Roberto no fue el primer **latino** ni el primer negro en las ligas mayores, pero sí fue el primer latinoamericano negro en marcar una gran diferencia en el juego. Por eso lo llamaban el *Orgullo de Puerto Rico*.

¡Qué brazo!

Es casi una garantía que un jugador en tercera base llegará a salvo a home y anotará una carrera si el bateador conecta un imparable. Sin embargo, Roberto tenía tan buen brazo que en una ocasión puso fuera a un corredor que intentaba anotar desde tercera base con un sencillo. La gente aún se sorprende con esa jugada.

Roberto sobresalió por su poderoso swing, su rapidez para correr y las sorprendentes jugadas en el jardín. Varios de los mejores lanzadores de la época descubrieron lo difícil que era ponchar a Roberto. Además, Roberto era tan rápido que la gorra o el casco salían volando cuando corría. Para deleite de los espectadores, Roberto era casi un **acróbata** en el campo. Cubría grandes extensiones de césped, corriendo largas distancias para atrapar batazos elevados que estaban fuera del alcance de otros.

Luego, cuando atrapaba la pelota y la lanzaba, más valía que el corredor estuviera atento, pues la mayoría de las veces el potente brazo de Roberto hacía que la pelota llegara a la base para poner fuera al corredor antes de que éste se diera cuenta. Muy pocos corredores se atrevían a alcanzar una base extra cuando Roberto estaba en el campo.

¡Te tengo!

Roberto lanzaba tan rápido como fildeador que en cinco de sus temporadas profesionales encabezó a la **Liga Nacional** en asistencias desde los jardines. Una asistencia desde el jardín es cuando un jardinero atrapa una pelota bateada de hit y la lanza a la base a tiempo para hacer el out. Los jugadores de la época por lo general no intentaban llegar a una base extra ni se arriesgaban cuando Roberto estaba en el campo. Incluso así, los ponía fuera en muchas situaciones en las que normalmente llegarían a salvo.

Aunque Roberto siempre fue un buen jugador, su primera gran temporada fue en 1960, cuando llevó a su equipo a ganar la **Serie Mundial**. El año siguiente también fue magnífico, pues Roberto ganó el título de bateo de la Liga Nacional.

Por supuesto, el béisbol no era el único motivo de alegría en la vida de Roberto. El 14 de noviembre de 1964 se casó con Vera Cristina Zabala. Tuvieron tres hijos, todos ellos nacidos en Puerto Rico: Roberto Jr., Luis Roberto y Roberto Enrique.

Roberto, sus padres, sus hijos y su esposa

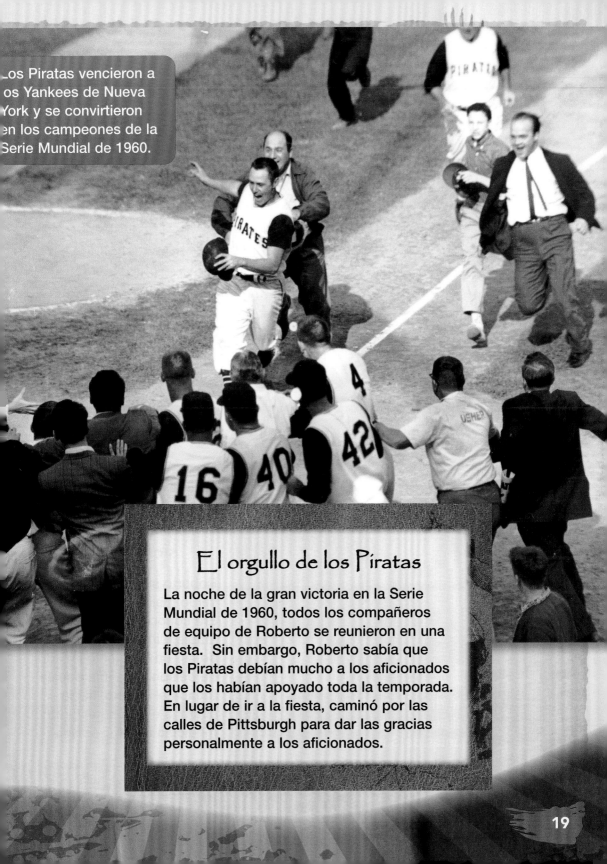

Los Piratas vencieron a los Yankees de Nueva York y se convirtieron en los campeones de la Serie Mundial de 1960.

El orgullo de los Piratas

La noche de la gran victoria en la Serie Mundial de 1960, todos los compañeros de equipo de Roberto se reunieron en una fiesta. Sin embargo, Roberto sabía que los Piratas debían mucho a los aficionados que los habían apoyado toda la temporada. En lugar de ir a la fiesta, caminó por las calles de Pittsburgh para dar las gracias personalmente a los aficionados.

Marcar la diferencia

Roberto ya era considerado uno de los grandes del béisbol, pero no había olvidado las lecciones que había aprendido cuando era niño. Sabía que era importante marcar la diferencia en este mundo y ayudar a los demás.

Cuando un joven jugador latinoamericano llegaba a la liga, Roberto hacía todo lo posible por echarle una mano. Lo ayudaba a convertirse en el mejor jugador posible. Ayudó tanto que, en 1966, su compañero de equipo latinoamericano, Mateo "Matty" Alou, superó a Roberto en el título de bateo.

los hermanos Matty y Felipe Alou de los Gigantes de San Francisco

Trata de ser siempre mejor

Roberto siempre luchó por ser lo mejor que podía ser. Era conocido por su carácter afable e inteligencia. Además de ser un excelente jugador de béisbol, escribía poesía, tocaba el órgano, hacía alfarería e incluso estudió medicina **quiropráctica**.

Roberto una vez dijo, "Si tienes la oportunidad de mejorar las cosas y no lo haces, estás desperdiciando tu tiempo en la Tierra".

retrato de Roberto Clemente de los Piratas de Pittsburgh (segundo de izquierda a derecha) y otras estrellas de béisbol en el Juego de las Estrellas de 1965

Beisbolista y humanitario

Manny Sanguillén, amigo y compañero de equipo de Roberto, dijo, "Roberto Clemente jugó béisbol apasionadamente. Lo único comparable a esta pasión era su compromiso implacable de marcar una diferencia en la vida de los necesitados y los menos afortunados. La gente veía a Roberto como un gran beisbolista y un gran **humanitario**. También era un excelente padre, esposo, compañero de equipo y amigo".

Roberto también notó que en el mundo del béisbol había muchas injusticias. Aunque Roberto era uno de los mejores jugadores, ninguna empresa le pidió que **patrocinara** sus productos en comerciales y anuncios. Sólo se lo pedían a jugadores blancos. Roberto protestó contra esa forma de tratar a la gente. Sabía que estaba mal y que era algo que debía cambiar.

También opinaba que los jugadores latinos no recibían el mismo trato que los otros jugadores de los equipos. Por ejemplo, Roberto tenía dolores de cuello y espalda, pero la gente con frecuencia ponía en duda que los dolores fueran reales. Sin embargo, cuando un jugador blanco se quejaba de lo mismo, nadie dudaba de él.

Roberto habló y marcó la diferencia no sólo en el béisbol. Entabló una amistad con el doctor Martin Luther King Jr., y le ayudó a lograr el trato igualitario de todas las personas. Se unió a muchas buenas causas para asistir a los pobres y maltratados. Era un hombre afortunado, y sabía que su deber era llevar la buena fortuna a los demás.

El doctor King y otros manifestantes a favor de los derechos civiles muestran sus pancartas durante la Marcha a Washington, el 28 de agosto de 1963.

Mientras Roberto trabajaba por marcar una diferencia en el mundo, seguía marcando la diferencia en el campo de béisbol. En 1971, su equipo volvió a ganar la Serie Mundial. En esta ocasión, Roberto fue nombrado el jugador más valioso.

Pero los años posteriores de su carrera le darían un triunfo aun mayor. Después de muchos años de combatir el prejuicio contra los jugadores latinoamericanos, Roberto llegó a pensar que la situación estaba cambiando. Dijo, "Mi mayor satisfacción es ayudar a eliminar las viejas opiniones sobre los latinoamericanos y los negros". Este fue uno de los logros del que Roberto estuvo más orgulloso.

Uno de los momentos más memorables en la carrera profesional de Roberto tuvo lugar en 1971, cuando conectó un jonrón en el último juego de la Serie Mundial.

Amor familiar

Después de ganar el premio del jugador más valioso, le preguntaron a Roberto cómo se sentía. Él respondió con un mensaje para sus padres: "En el día más grande de mi vida, les pido su bendición".

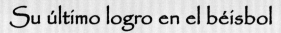

Su último logro en el béisbol

El 30 de septiembre, el último día de la temporada regular de béisbol de 1972, Roberto bateó su hit número 3,000. En ese momento, era el undécimo jugador en la historia de las grandes ligas en conectar 3,000 imparables en su carrera. Ese hit, un doble, sería el último de Roberto.

Roberto Clemente y Willie Mays, de los Mets, después del hit 3,000 de Clemente. Mays también es miembro del club de bateadores con 3,000 o más imparables.

Un final prematuro

Roberto dedicó su vida a ayudar a los demás y hacer de este mundo un lugar mejor. Cuando un terrible terremoto estremeció la república de Nicaragua en 1972, Roberto pensó que debía hacer algo. Los habitantes de Puerto Rico intentaban enviar **ayuda humanitaria** a los nicaragüenses, pero había problemas para que los artículos llegaran a su destino. Por lo tanto, Roberto decidió transportar los suministros personalmente. El 31 de diciembre de 1972, su avión despegó de San Juan, Puerto Rico. Poco tiempo después, cayó al mar. Roberto y todas las personas a bordo murieron.

En Puerto Rico, Pittsburgh y todo el mundo, la gente **lamentó** la pérdida no sólo de un gran beisbolista, sino de un gran hombre.

Error del Salón de la Fama

Cuando Roberto entró al Salón de la Fama, su nombre estaba escrito incorrectamente como "Roberto Walker Clemente" en su placa. Pasaron 27 años antes de que el error fuera reparado. En el año 2000, corrigieron la placa para que leyera, "Roberto Clemente Walker". Después de la corrección, Luis, hijo de Roberto, declaró, "Al rectificar y volver a fundir la placa de mi padre… el Salón de la Fama ha mostrado el respeto y el honor de nuestro rico legado cultural, del que tanto se enorgullecía mi padre".

En su larga carrera como beisbolista, Roberto recibió muchos premios y honores. Era tan grande como jugador y como persona, que le concedieron premios incluso después de su muerte. He aquí algunos de los logros más notables de la sorprendente carrera profesional de Roberto.

Roberto Alomar le habla a estudiantes en la Ciudad Deportiva Roberto Clemente en Puerto Rico.

Ciudad Deportiva Roberto Clemente

En los últimos años de su vida, Roberto inauguró una ciudad deportiva para que los niños de Puerto Rico pudieran desarrollar sus habilidades atléticas y evitar la drogadicción. Hoy en día, la Ciudad Deportiva Roberto Clemente es una organización no lucrativa que continúa la obra que él inició.

Cronología

1930

1934 — Roberto nace.

Los Dodgers de Brooklyn lo seleccionan para jugar en su equipo de ligas menores.

Roberto ayuda a su equipo, los Piratas, a ganar la Serie Mundial.

1950

Roberto es el jugador más valioso de la Liga Nacional.

1954

Roberto Clemente gana su primer Guante de Oro, ganando uno cada año por el resto de su carrera. Es un jugador All Star once veces. Cuatro veces es el campeón de bateo de la Liga Nacional.

1960
1961

Es el jugador más valioso de la Serie Mundial de 1971.

1966

1970

1972

1973

Es el undécimo jugador en batear 3,000 hits en su carrera. Es su decimotercera temporada de ganar un promedio de bateo de .311 o más.

Roberto muere en un accidente aéreo.

1990

Roberto es el primer latinoamericano en ser seleccionado para el Salón de la Fama. Su número de uniforme, 21, es retirado.

1995 — Es seleccionado para el Salón Humanitario de la Fama del Deporte Mundial.

Glosario

acróbata—un o una gimnasta; persona capaz de mover su cuerpo en formas sorprendentes

apellido de soltera—el nombre de una mujer antes de casarse

ayuda humanitaria—asistencia en la forma de provisiones, como ropa, cobijas, medicamentos y alimentos

capataz—el jefe a cargo de un grupo de trabajadores, por lo general en una fábrica, molino u otra empresa grande

equipo—herramientas usadas para practicar un deporte

fértil—con abundancia de todo lo necesario para el crecimiento de los seres vivos

humanitario—una persona que trabaja por la salud y felicidad de otros

lamentar—tomar tiempo para estar triste sobre la muerte de alguien

latino—una persona de ascendencia hispana, por lo general latinoamericana, que usualmente vive en los Estados Unidos

Liga Nacional—una de las dos ligas de béisbol de ligas mayores

ligas menores—los equipos formados por jugadores que serán los siguientes en ascender a las ligas mayores

lista de jugadores—una lista de los jugadores en un equipo

patrocinar—dar aprobación o apoyo a un producto a cambio de dinero

plantaciones—unas grandes granjas donde se cultivan plantas

profesional—trabajo por el cual le pagan a una persona

quiropráctica—un tipo de terapia que utiliza el cuerpo para sanarse y mantenerse saludable, particularmente asegurando que los músculos y huesos del cuerpo estén en posición correcta y en buen estado

seleccionado—contratado como jugador para las ligas mayores

Serie Mundial—el campeonato principal del béisbol de ligas mayores, disputado entre los campeones de la Liga Nacional y la Liga Americana

Índice

Acerca de los autores

Dona Herweck Rice creció en Anaheim, California, y se graduó de la Universidad de California del Sur con un título en inglés y de la Universidad de California en Berkeley con una credencial para la enseñanza. Ha sido maestra desde el preescolar hasta el décimo grado, investigadora, bibliotecaria, directora de teatro, y ahora es editora, poeta, escritora de materiales para maestros y escritora de libros para niños. Es casada, tiene dos hijos y vive en el sur de California.

William Rice creció en Pomona, California, y se graduó de la Universidad Estatal de Idaho con un título en geología. Trabaja en un organismo estatal de California que se esfuerza por proteger la calidad de los recursos de agua superficiales y bajo tierra. Para William es importante proteger y preservar el medio ambiente. Es casado, tiene dos hijos y vive en el sur de California.